Gente del pasado

EDICIÓN PATHFINDER

Por Kathy Burkett y Desmond Stills

CONTENIDO

Antiguos edificios de apartamentos.
Balcony House es una de cientos de viviendas construidas en los acantilados del Parque Nacional Mesa Verde. En el borde del lugar hay un precipicio de 600 pies.

Hace aproximadamente 700 años, un grupo de amerindios vivía debajo de las cornisas de altos acantilados del Sudoeste. Luego desapareció.

Cuatro Esquinas.
Hay viviendas en acantilados en toda la zona denominada Cuatro Esquinas, la región donde se unen Utah, Colorado, Nuevo México y Arizona.

BO

Te encuentras en el fondo del Cañón de Soda, en el Parque Nacional Mesa Verde, Colorado. Estás rodeado de mesetas con cimas planas que se denominan **mesas**. Es una hermosa vista.

Miras hacia arriba y ves algo aún más asombroso. Escondidas debajo de un alero cerca de la cima de un **acantilado** se encuentran las ruinas de viviendas abandonadas. Hay cuatro pisos de habitaciones tallados en una de las paredes del cañón. A unos pocos metros de distancia hay un precipicio de 600 pies. ¡Qué vista!

Has llegado a Balcony House. Hace más de 700 años, allí vivían cerca de 40 personas. Balcony House es maravillosa, pero no es única. Es una de cientos de viviendas construidas en los acantilados de Mesa Verde. La mayoría de ellas tiene cinco habitaciones o menos. Pero algunas, como Balcony House, tienen muchas habitaciones y varios pisos, al igual que los edificios de apartamentos de hoy en día. Algunos lugares tienen muchos edificios. Parecen pequeñas ciudades.

Mesa Verde tiene algunas de las viviendas en acantilados más impresionantes de los Estados Unidos, pero puedes encontrar otras viviendas de este tipo en zonas de cañones en todo el territorio de las Cuatro Esquinas. Esa es la región del oeste de los EE.UU. donde se encuentran Utah, Colorado, Nuevo México y Arizona.

¿QUIÉNES VIVÍAN EN LOS ACANTILADOS?

Nadie sabe el nombre que estas personas se daban a sí mismas. Los indios pueblo, un grupo que vive en la zona en la actualidad, los llaman indios pueblo ancestrales, ya que piensan que las personas de este pueblo antiguo probablemente hayan sido sus ancestros.

Algunas tribus de indios pueblo cuentan historias que indican que sus ancestros provenían de esta zona, cuenta Larry Nordby, el jefe de arqueología de Mesa Verde.

Asimismo, sus estructuras de piedra tienen mucho en común con las viviendas en las que viven hoy en día muchos indios pueblo, dice Nordby. Los materiales y métodos de construcción son similares, como también lo son algunas de las características de las viviendas .

Izquierda: *los antiguos indios pueblo cosechaban maíz, frijoles y calabazas sobre las mesetas. Vivieron en las mesetas hasta 1190.*
Centro: *luego se mudaron a los acantilados.*
Derecha: *cerca de 1300 d.C., el pueblo se trasladó hacia México, Nuevo México y Arizona. Allí construyeron nuevas viviendas.*

MUDANZA A LOS ACANTILADOS

Los indios pueblo ancestrales comenzaron a instalarse en Mesa Verde cerca de 570 d.C. Durante cientos de años vivieron sobre las mesetas, pero aproximadamente en el 1190 comenzaron a construir viviendas dentro de las cuevas que encontraban debajo de los aleros de los acantilados. Los constructores empleaban vigas de madera, bloques **de arenisca** y lodo para las paredes.

Los **arqueólogos** no tienen mucha evidencia para explicar por qué los indios pueblo ancestrales trasladaron sus viviendas desde las mesetas a los acantilados, pero existen muchas teorías. La población de la zona había ido aumentando. Quizás las personas se mudaron a los acantilados para preservar el terreno superior para la agricultura. O quizás las paredes y los aleros de los acantilados protegían mejor a los indios pueblo del mal clima o de los ataques enemigos.

LA VIDA EN MESA VERDE

Los científicos creen que debe haber habido una buena razón para mudarse. Escalar y bajar por las empinadas paredes del acantilado probablemente era difícil y peligroso. Los indios pueblo ancestrales bajaban lentamente colocando los dedos y los pies en los hoyos que había en el acantilado.

La mayoría de las viviendas de Mesa Verde se ubican cerca de una habitación circular y subterránea que se denomina **kiva**. En el suelo de la kiva hay un hoyo de los espíritus. Para los indios pueblo ancestrales, este hoyo representaba la apertura por la que ingresaron al mundo las primeras personas. En la antigüedad, los indios pueblo se reunían en las kivas para conversar y contar historias. También utilizaban las kivas para las ceremonias religiosas. En la actualidad, los indios pueblo utilizan las kivas para muchas cosas similares.

VOCABULARIO

acantilado: pared empinada de roca, tierra o hielo

arenisca: roca formada por granos de arena

arqueólogo: científico que aprende sobre los pueblos antiguos estudiando lo que estos dejaron atrás

artefacto: elemento fabricado por humanos

kiva: habitación circular y subterránea que a menudo se utilizaba para ceremonias religiosas o reuniones sociales

mesa: formación de tierra con una cima plana y laderas empinadas

polen: granos pequeños necesarios para que una planta produzca semillas

yuca: planta con hojas largas y fibrosas que crece en el Sudoeste

EN BUSCA DE ALIMENTO

Los tres cultivos principales del Sudoeste eran el maíz, los frijoles y las calabazas, cuenta Nordby. Sabemos que las personas los cultivaban en Mesa Verde porque hemos hallado ejemplares de los tres cultivos deshidratados y preservados por el clima seco.

Los arqueólogos han encontrado huesos de conejo y ciervo en antiguas pilas de basura. También hallaron partes rotas de los arcos y flechas que se utilizaban para cazar animales.

Entre los **artefactos** más comunes de Mesa Verde se encuentran las piezas de cerámica. Algunas de ellas tienen adheridos diminutos pedazos de **polen** de plantas silvestres. Los indios pueblo ancestrales también se alimentaban de estas plantas. Otros artefactos muestran que este pueblo sabía tejer muy bien. Utilizaban la **yuca,** una planta con hojas largas y fibrosas, para fabricar canastos y sandalias.

EL ABANDONO DEL HOGAR

La construcción cesó en Mesa Verde cerca del año 1300 d.C. Es posible que la gente se haya quedado más tiempo. Sin embargo, al final los indios pueblo ancestrales abandonaron sus viviendas en los acantilados de la zona de las Cuatro Esquinas. Los arqueólogos creen que la mayoría de ellos se fue hacia el Sur, hacia México, Nuevo México y Arizona.

No era inusual que estos pueblos se trasladaran. ¿Pero por qué se fueron todos? Los arqueólogos saben que la región sufrió una sequía de aproximadamente 30 años. Esta sequía hubiera dificultado mucho la posibilidad de conseguir alimentos. De a poco, es posible que las familias hayan abandonado la zona en busca de más comida.

Sin embargo, es importante recordar que las tribus pueblo no consideran que estas viviendas estén abandonadas, cuenta Nordby. Dicen que los espíritus de sus ancestros les hablan desde allí.

Desenterrando la hist

Por el niño explorador Desmond Stills, de 10 años de edad

Hace poco, me bajé del automóvil y me encontré con el pasado. Logré viajar 18.000 años en el tiempo. ¡Fue una gran aventura!

El viaje comenzó cuando NATIONAL GEOGRAPHIC EXPLORER me invitó a ser un niño explorador. Me dijeron que explorara una zona histórica llamada Cactus Hill. Probablemente no hayas escuchado hablar de ella. Después de todo, se encuentra oculta en un bosque de Virginia. Me gusta la historia, así que aproveché la oportunidad.

Mi mamá me llevó hasta Cactus Hill, donde conocí a Joe McAvoy. Él es arqueólogo, es decir, un científico que estudia la forma en que vivía la gente hace mucho tiempo.

Hace aproximadamente 30 años, un agricultor encontró unas puntas de lanza en Cactus Hill. La gente encuentra muchas de ellas en la zona. Pero estas eran diferentes, ya que eran similares a las famosas puntas halladas cerca de Clovis, en Nuevo México.

Las puntas de lanza de Clovis tienen cerca de 13.000 años. Durante años, los científicos pensaron que las habían fabricado los primeros pobladores de América.

Apuntando al pasado. *Trabajadores de Cactus Hill buscan puntas de lanza. Joe McAvoy le muestra algunas de las puntas a Desmond Stills (derecha).*

Excavando en el tiempo

McAvoy recibió fondos de National Geographic para estudiar Cactus Hill. Excavó zanjas para buscar más puntas de lanza. Y las encontró.

Sin embargo, algo no parecía andar bien. McAvoy descubrió puntas de lanza más antiguas que las de Clovis. Nunca había visto algo similar. En realidad, nadie lo había hecho.

Las puntas de lanza que encontró McAvoy no solo parecen ser más antiguas que las de Clovis, sino que en verdad lo son. Las puntas de Cactus Hill se fabricaron hace aproximadamente 18.000 años. ¡Son las puntas de lanza más antiguas que se han descubierto en las Américas!

Un pasado peligroso

Hace 18.000 años, la Tierra se encontraba en la Edad de Hielo. El mundo estaba frío. También era peligroso.

Muchos animales de gran tamaño habitaban cerca de Cactus Hill. La gente debía cuidarse de los lobos, los diente de sable y los osos cavernarios. Cazaban ciervos, alces, mamuts y mastodontes.

A pesar del peligro, la gente de Cactus Hill parecía vivir bien. Luego, pasó algo.

Un gran cambio

El clima cambió. La Tierra se tornó más cálida, y la gente de Cactus Hill desapareció. Nadie sabe qué les ocurrió.

McAvoy y otros arqueólogos buscan resolver el misterio. Buscan otras zonas en las que vivía la gente de Cactus Hill. Quizás los encuentren algún día.

Mi paseo por la historia fue muy divertido. Me parece genial tener la posibilidad de viajar en el tiempo. Espero poder volver a hacerlo algún día.

Fabricando una punta. *Desmond Stills usa un cuerno de ciervo para dar forma a una punta de lanza. Le toma 30 minutos fabricar una.*

Las puntas de lanza más antiguas

Cactus Hill
Esta punta de lanza fabricada en piedra proviene de Virginia y tiene casi 18.000 años de antigüedad.

Clovis
Esta punta de Clovis se fabricó hace aproximadamente 13.000 años.

Chile
Estas puntas de lanza de Chile son tan antiguas como las de Clovis.

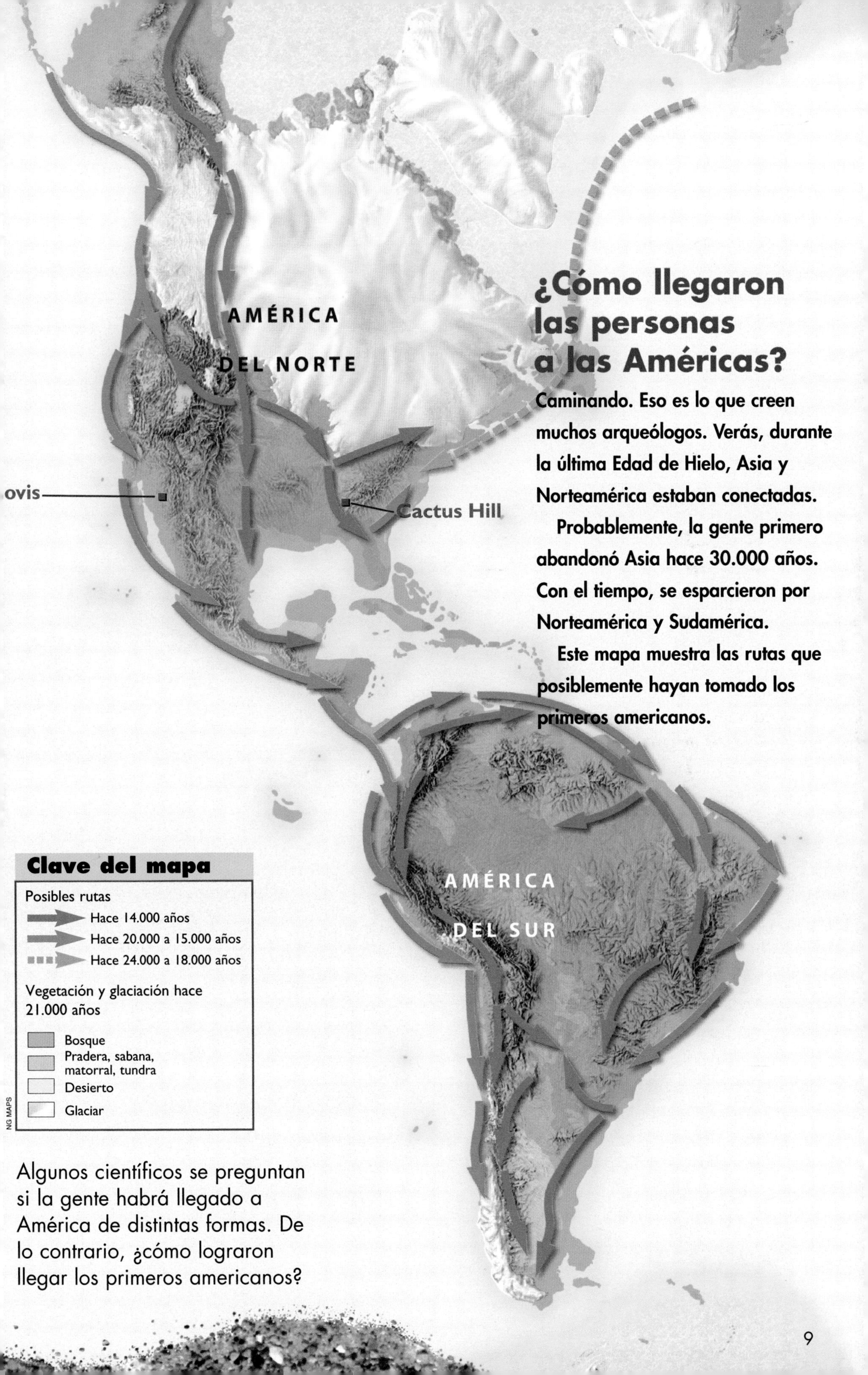

¿Cómo llegaron las personas a las Américas?

Caminando. Eso es lo que creen muchos arqueólogos. Verás, durante la última Edad de Hielo, Asia y Norteamérica estaban conectadas.

Probablemente, la gente primero abandonó Asia hace 30.000 años. Con el tiempo, se esparcieron por Norteamérica y Sudamérica.

Este mapa muestra las rutas que posiblemente hayan tomado los primeros americanos.

Algunos científicos se preguntan si la gente habrá llegado a América de distintas formas. De lo contrario, ¿cómo lograron llegar los primeros americanos?

Grabado en los anillos

Cuando los científicos estudian a la gente del pasado, algunas veces analizan los árboles. Los árboles pueden darles muchas pistas acerca de la vida en el pasado. Mira estos registros grabados en los anillos de los árboles.

Registro de los años

Cada año, la mayoría de los árboles desarrolla una nueva capa de madera justo por debajo de la corteza. Estas capas se llaman anillos. Cada anillo tiene una banda clara y una banda oscura. La banda clara crece en la primavera. La banda oscura crece en el verano y en el otoño.

- ¿Cuántos anillos puedes ver en el tronco cortado del árbol que aparece en esta página?
- Agrega un año para el primer año de crecimiento (la mancha oscura en el centro) y sabrás la edad del árbol. ¿Qué edad tenía este árbol cuando se cortó el tronco?

Registros del clima

Los árboles desarrollan anillos más anchos durante los años lluviosos y anillos más angostos durante los años secos. Como resultado, el tronco de un árbol se convierte en una especie de libro de historia. Los científicos pueden observar patrones de años secos, intermedios y lluviosos estudiando los anillos.

Los científicos no necesitan cortar un árbol para observar sus anillos. Mediante una herramienta especial, quitan una pequeña muestra del centro, una pieza de madera que tiene la forma de un lápiz. La muestra del centro del árbol (debajo) contiene una pequeña pieza de cada anillo.

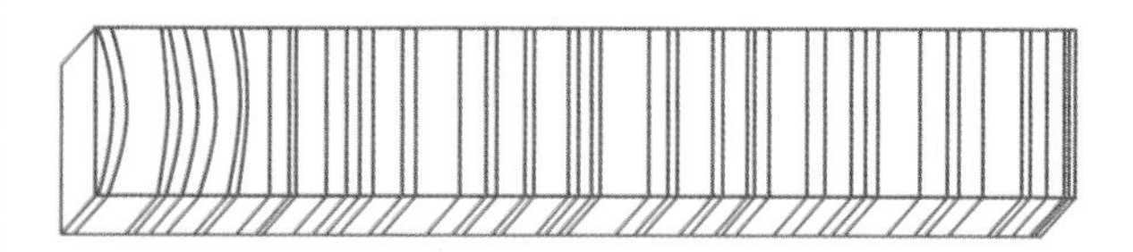

Registros de las fechas

Los científicos han tomado muestras del centro de muchos árboles vivos de Mesa Verde. La muestra más antigua proviene de un abeto de Douglas. Estudiándola minuciosamente, los científicos descubrieron el año en que se desarrolló cada anillo. El abeto comenzó a crecer en 1150, así que algunos de sus anillos son más antiguos que la mayoría de las viviendas en los acantilados.

Cuando los científicos encuentran una vivienda, extraen muestras del centro de las vigas de madera. Luego comparan los anillos de la muestra con la de la muestra del centro del abeto de Douglas y otros árboles antiguos, y buscan patrones idénticos. Cuando encuentran un patrón idéntico, los científicos saben exactamente cuándo creció el árbol del que proviene la viga y cuándo se cortó. Entonces, la vivienda probablemente se construyó poco después.

Arrollado de anillos de árbol

Sigue las instrucciones para fabricar un modelo de los anillos de un árbol.

Materiales

- *pelota de plastilina de color claro*
- *pelota de plastilina de color oscuro*
- *dos hojas de papel encerado*
- *regla*
- *rodillo*
- *cuchillo de plástico*

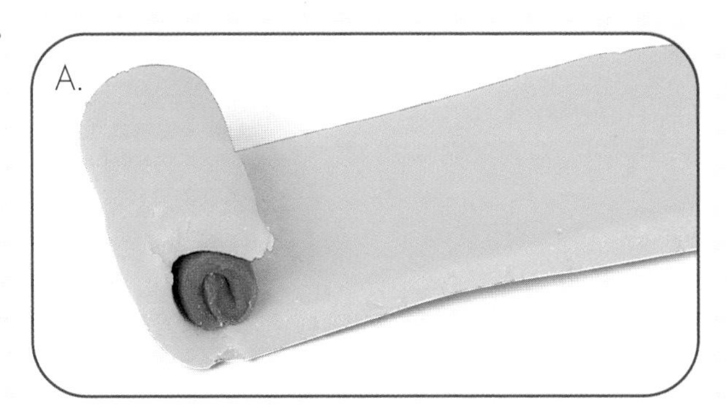

Predice

- ¿Qué tendrán en común tu modelo y los anillos de un tronco de árbol real?
- ¿En qué piensas que diferirán?

Prueba

1. Forma una cilindro de 10 pulgadas de largo con cada pelota de plastilina. El cilindro oscuro debe ser ancha como una moneda de cinco centavos. El cilindro claro debe ser ancho como una moneda de 25 centavos.
2. Coloca el cilindro oscuro sobre el papel encerado. Cúbrelo con una segunda hoja de papel encerado.
3. Utilizando un rodillo, aplana el cilindro para que quede de aproximadamente 1 1/4 pulgadas de ancho.
4. Coloca la tira oscura a un lado. Repite los pasos 2 y 3 con el cilindro claro. Este cilindro debe ser más grueso que el primero.
5. Corta 1/2 pulgada de la tira oscura. Con esa plastilina, forma un cilindro, o un tubo pequeño. Este representa el primer año de crecimiento de tu árbol.
6. Coloca ese cilindro al final de tu tira clara. Rodea el cilindro con esta tira de plastilina hasta que tengas una capa de plastilina clara rodeando el cilindro (A). Corta la plastilina clara. Esta capa representa el desarrollo inicial del segundo año de vida de tu árbol.
7. Agrega una capa de plastilina oscura. Esa representa el desarrollo tardío del segundo año. Juntas, estas dos capas de crecimiento componen un anillo del árbol (B).
8. Repite los pasos 6 y 7 para agregar dos años más de crecimiento a tu modelo de tronco.

Conclusión

9. ¿En qué dirección debes cortar tu modelo para que revele los anillos del interior?
10. Corta el modelo con un cuchillo de plástico.
11. ¿Qué tiene en común tu modelo de árbol con un tronco real?
12. ¿En qué difieren?
13. ¿Qué edad tiene tu árbol? (Pista: no te olvides de contar el crecimiento del primer año).

Gente del pasado

Es momento de responder algunas preguntas para ver lo que has aprendido.

1. ¿Qué es Mesa Verde?
2. ¿Qué son las kivas? ¿Por qué son importantes para los pueblo?
3. ¿Qué tienen de especial las puntas de lanza de Cactus Hill?
4. ¿Por qué la zona de Cactus Hill era peligrosa hace 18.000 años?
5. ¿Qué nos dicen los anillos de los árboles sobre el pasado?

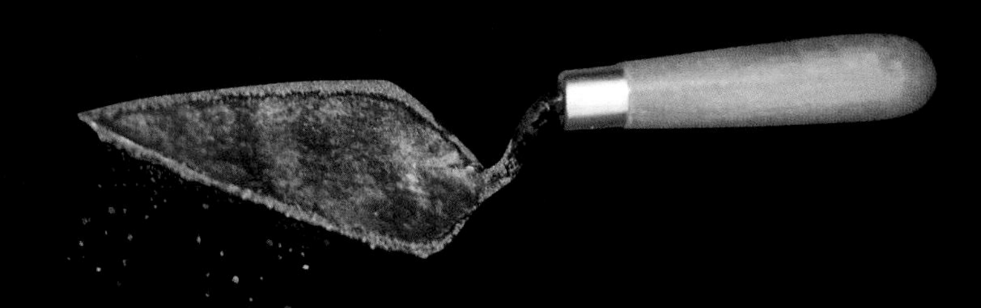